Makram...

Algorithmique et Programmation Tome 1

Makram Soui

Algorithmique et Programmation Tome 1

Éditions universitaires européennes

Impressum / Mentions légales

Bibliografische Information der Deutschen Nationalbibliothek: Die Deutsche Nationalbibliothek verzeichnet diese Publikation in der Deutschen Nationalbibliografie; detaillierte bibliografische Daten sind im Internet über http://dnb.d-nb.de abrufbar.

Information bibliographique publiée par la Deutsche Nationalbibliothek: La Deutsche Nationalbibliothek inscrit cette publication à la Deutsche Nationalbibliografie; des données bibliographiques détaillées sont disponibles sur internet à l'adresse http://dnb.d-nb.de.

Coverbild / Photo de couverture: www.ingimage.com

Verlag / Editeur:
Éditions universitaires européennes
ist ein Imprint der / est une marque déposée de
OmniScriptum GmbH & Co. KG
Heinrich-Böcking-Str. 6-8, 66121 Saarbrücken, Deutschland / Allemagne
Email: info@editions-ue.com

Herstellung: siehe letzte Seite /
Impression: voir la dernière page
ISBN: 978-3-8417-3408-2

Table de matière

Objectifs spécifiques

- *Identifier et manipuler les différents types de données.*
- *Résoudre un problème et présenter les solutions sous forme d'un algorithme puis d'un programme.*
- *Résoudre un problème faisant appel aux structures de contrôle conditionnelles.*
- *Savoir choisir la structure itérative adéquate pour résoudre un problème*
- *Manipuler les procédures et les fonctions prédéfinies.*
- *Déclarer et manipuler des tableaux.*

Chapitre 1

Introduction aux structures de données

1.1 Définition d'un algorithme

Un algorithme est une suite ordonnée et finie d'actions ou d'instructions dont l'exécution servira à résoudre un problème donné.

```
ALGORITHME nom_algorithme

Liste des constantes ;

Déclaration des variables ;

DEBUT

    {Instruction à exécuter} ;

FIN
```

Figure 1. Structure d'un algorithme

1.2 Définition d'un programme

Un programme est un algorithme traduit dans un langage de programmation (Pascal, C, C++, Java,….).

1.3 Les structures de données

Un algorithme permet de résoudre un problème bien défini, ceci revient à analyser et déceler ses données et ses traitements pour déterminer les variables du programme et ses instructions. Les données du problème peuvent être simples ou complexes, la programmation doit disposer de structures pour pouvoir les représenter, on parle alors de *structures de données*.

Les structures de données représentent en fait la façon dont les données sont représentées dans la mémoire de la machine.

1.3.1 Les données simples

Une donnée simple est une donnée, pouvant contenir une seule valeur à un instant donné. Elle est représentée par une *variable* de type simple. Chaque variable est caractérisée par un identificateur, un type, une valeur. Parmi Les types de données simples on cite: Entier, Réel, Booléen, Caractère et Chaine des caractères.

3

a- Le type entier

Ce type est associé aux variables prenant leurs valeurs dans un intervalle d'entiers relatifs fini, inclus dans l'ensemble (Z). Une variable de type entier pourra donc être positif, négatif ou nul.
Exemple :

Identificateur X : Entier

Byte (Octet)	0 à 255
Entier simple	-32 768 à 32 767
Entier long	-2 147 483 648 à 2 147 483 647

b) Le type réel

Ce type correspond aux variables qui prennent leurs valeurs dans un ensemble fini de nombres réels, inclus dans l'ensemble (R).
Exemple : Identificateur Y: réel

Réel Simple	$-3,40 \times 10^{38}$ à $-1,40 \times 10^{45}$ pour les valeurs négatives $1,40 \times 10^{45}$ à $3,40 \times 10^{38}$ pour les valeurs positives
Réel double	$1,79 \times 10^{308}$ à $-4, 94 \times 10^{-324}$ pour les valeurs négatives4, 94×10^{-324} à $1,79 \times 10^{308}$ pour les valeurs positives

c) Le type booléen
Une variable booléenne ne peut prendre qu'une valeur parmi deux: Vrai ou Faux.

A	B	NON(A)	A ET B	A OU B
V	V	F	V	V
F	V	V	F	V
V	F	F	F	V
F	F	V	F	F

4

d) Le type caractère

Ce type permet de définir les variables représentant un élément pris dans l'ensemble des caractères éditables (les lettres majuscules, minuscules, les caractères de ponctuation, le blanc, les chiffres, etc.).

- ˝a ˝.. ˝ z ˝
- ˝ A ˝.. ˝ Z ˝
- ˝ 0 ˝.. ˝ 9 ˝
- Les caractères spéciaux : ˝ * ˝, ˝(˝, ˝ / ˝, ˝ & ˝ ...

Chaque caractère est défini par un numéro d'ordre (code ASCII) compris entre 0 et 255.

Exemple : Identificateur n : car

e) Le type de chaine de caractères

Une chaine de caractère est une suite de caractères, toujours notée entre guillemets. La chaine ne contenant aucun caractère est dite chaine vide et notée ˝ ˝. Une chaine de caractère peut contenir au maximum 255 caractères.

1.3.2 Les données structurées

Les données manipulées par la machine ne sont pas toujours simples. En ce cas on a recours à des structures plus complexes, composées de types simples.

1.3.2.1 Les structures de données simples

a) Les tableaux

Un tableau est une structure de données qui contient des données de même type et directement accessibles à tout moment, on parle de structure de tableau. Un tableau peut être unidimensionnel ou multidimensionnel.

Exemple : VAR T : tableau [1 .. 100] d'entier

b) Type énuméré

Le type énuméré est un sous-ensemble du type entier. C'est un ensemble fini d'identificateurs qui jouent le rôle de constantes.

Exemple : Couleurs = (bleu, rouge, noir)

c) Type intervalle

Certains types énumérés sont définis par les valeurs extrêmes pour constituer un intervalle.

Exemple :   Type jours= Lundi.. dimanche ;
                Type Chiffre =1 ..9 ;

d) Les ensembles

C'est une collection de données de même type.

Exemple :
    Type jours = (Lundi, Mardi, Mercredi, dimanche, Jeudi, Vendredi) ;

    Jours-travails-banque = (Lundi, Mardi, Mercredi, Jeudi, Vendredi) ;

e) Les enregistrements

L'enregistrement est une structure formée de plusieurs composantes pas obligatoirement du même type. Mais reste accessible directement.

Exemple : On peut représenter les informations : numéro personnel, non personnel et note personnel en se basant sur la structure d'enregistrement.

1.3.2.2 Les structures de données complexes

Dans ce cas, la représentation des données ne dépend pas uniquement du type de données à traiter, mais aussi des types d'opérations à leurs appliquer, de façon à mieux les gérer. On cite par exemple, les structures : Liste, Pile, Fille d'attente.

a) Liste

Une liste est un ensemble fini d'éléments ordonnés, chaque élément contient un ou plusieurs champs, le premier élément est appelé « tête », le dernier est appelé « queue ».

b) Pile

Une pile est liste ordonnée d'éléments ou les insertions et les suppressions d'éléments ont lieu à une seule et même extrémité de la liste appelée « sommet de la pile ».

c) Fille d'attente

Une fille d'attente est liste ordonnée d'éléments dans laquelle toutes les insertions se font à une extrémité, et toutes les suppressions se font à l'autre extrémité.

d) Les arbres

Un arbre est une structure de donnée, caractérisée par le fait qu'elle est non linéaire à l'inverse des listes. En fait, on définit un arbre comme étant un ensemble de nœud, tel que le premier nœud est appelé racine. Un nœud peut avoir zéro, un ou plusieurs sous-nœuds et les nœuds qui n'ont pas de sous nœuds sont appelés feuilles.

1.4 Les actions algorithmiques simples

1.4.1 L'affectation

L'opération d'affectation consiste à attribuer une valeur à une variable. C'est l'action de charger une valeur dans une variable. Cette valeur peut elle-même être une variable, le résultat d'une expression arithmétique ou logique est une constante. L'instruction d'affectation se note avec le symbole «←» en algorithmique et « := » en Pascal.

Syntaxe:

variable1 <- variable2 | expression | constante

Exemple :
    X←8
    H← Long(ch)

4.2.2 L'instruction de lecture

Cette instruction permet à l'utilisateur de saisir une donnée (valeur) à partir du clavier.

Syntaxe: **Lire (var1, [var2], …)**

4.2.3 L'instruction d'écriture

Cette instruction permet d'afficher des informations (résultat/message) sur l'écran.

Syntaxe: **Ecrire ([˝message˝], [var/expr])**

Chapitre 2

Les structures conditionnelles

2. 1 La Structure de contrôle conditionnelle simple

Une structure de contrôle conditionnelle est dite à forme simple réduite lorsque le traitement dépend d'une condition. Si la condition est évaluée à vrai, le traitement est exécuté.

Syntaxe : Si <condition> Alors

             <Traitement>

      FinSi

La condition est une expression dont la valeur est booléenne (True ou False). Si cette expression est une valeur numérique, la valeur 0 (Zéro) correspond à False et toute autre valeur correspond à True. Si la condition est fausse aucun traitement n'est effectué. La condition peut être élémentaire ou composée en utilisant les connecteurs logiques ET/ OU/ NON. Le traitement peut être une seule instruction, un ensemble d'instructions ou d'autres traitements conditionnels. Chaque instruction Si est délimitée par FinSi. La figure suivante représente cette structure.

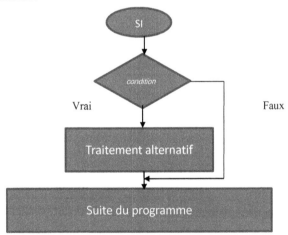

Figure 2. Structure de contrôle conditionnelle

2.2 La Structure de contrôle conditionnelle alternative

La structure de contrôle est dite alternative lorsque le traitement dépend d'une condition à deux états : si la condition est évaluée à « vrai », le premier traitement est exécuté ; si la condition est évaluée à « faux », le second traitement est exécuté.

Syntaxe

Si <condition> Alors

    <Traitement 1>

Sinon

    <Traitement 2>

    Traitement 2

FinSi

2.3 Structure de contrôle conditionnelle à choix

La structure de contrôle est dite à choix lorsque le traitement dépend de la valeur que prendra le sélecteur. Ce sélecteur doit être de type scalaire (entier ou caractère).

Selon <sélection> **Faire**

    val1 : <traitement 1>

    val2 : <traitement 2>

    …..

    valn : <traitement n>

    Sinon <autre traitement>

FinSelon

- La sélection est une variable ou une expression dont la valeur est de type scalaire (entier ou caractère)
- Val i peut être une valeur simple, l'évaluation d'une expression, une suite ou une plage de valeurs.
- Si la valeur du sélecteur vaut val i alors le traitement i sera exécuté
- Si aucune concordance n'est trouvée le traitement placé après Sinon sera exécuté

Chapitre 3

Les structures Itératives

Introduction

Les structures répétitives aussi appelées boucles, permettent de répéter un traitement (c'est-à dire une instruction simple ou composée) autant de fois qu'il est nécessaire: soit un nombre déterminé de fois, soit tant qu'une condition est vraie.

3.1 La structure de contrôle itérative complète (la boucle Pour.. Faire) :

Une structure de contrôle itérative complète exprime la répétition d'un tritement un nombre de fois connu d'avance. Pour signifier la répétition, on utilise un compteur. Ce compteur (de type entier) augmente implicitement de l'incrément (1 par défaut) chaque répétition au traitement.

Syntaxe:

    Pour <compteur> **de** <val initiale> à <val finale> **faire**

        <traitement>

FinPour

3.2 La structure de contrôle itérative à conditions d'arrêt

On appelle structure de contrôle itérative à condition d'arrêt l'action qui consiste à répéter un traitement donné et que l'arrêt est géré par une condition. Il existe deux formulations pour traduire une telle structure : la structure Répéter...Jusqu'à et la structure : tant que...Répéter.

3.2.1 La boucle Tant que ...Faire

Dans ce cas, le traitement à répéter peut ne pas être exécuté car la condition d'arrêt est testée à priori. En effet, dans le cas ou elle est vraie dès le début, le traitement n'est pas exécuté.

Tant que <condition> **faire**

<Traitement>

FinTant Que

Le <traitement> est répétée zéro ou plusieurs fois

○ Si la condition d'exécution est à faux dés le départ, le traitement peut ne pas être exécuté aucune fois

○ Le traitement est répété tant que la condition est vraie

○ Cette condition est vérifiée à chaque fois qu'on a terminé les traitements de la boucle.

○ Le nombre de répétition du traitement n'est pas indiqué explicitement

○ Les paramètres de la condition doivent être initialisés par lecture ou par affectation avant la boucle.

○ Il doit y avoir une action dans le <traitement> qui modifie la valeur du traitement.

3.2.2 La boucle répéter ... jusqu'à :

Dans la structure Répéter...Jusqu'à, le traitement à répéter est exécuté au moins une fois car la condition d'arrêt est testée à posteriori.

Syntaxe:

Répéter

<traitement>

Jusqu'à <condition d'arrêt>

○ Le traitement est vraie jusqu'à ce qu'une condition devient vraie
○ Le traitement est répéter Si la condition est fause.
○ Le traitement est exécuté si au moins une fois avant l'évaluation de la condition d'arrêt.

○ Il doit avoir une action dans le <traitement> qui modifie la valeur de la condition.

Chapitre 4

Les sous-programmes

4.1 Définition d'un sous-programme

L'analyse modulaire consiste à diviser un problème en sous-problèmes de moindres difficultés. Un sous programme est une suite d'instructions réalisant un traitement particulier qui s'exécute à l'intérieur d'au autre programme.

Intérêts:
- ✓ Faciliter de résolution
- ✓ Faciliter de détection des erreurs
- ✓ Faciliter de maintenance
- ✓ Réutilisabilité
- ✓ Un sous programme est une suite d'instruction réalisant un traitement particulier qui s'exécute à l'intérieur d'un autre programme.
- ✓ Un sous programme peut être appelé soit un programme, soit par un autre sous programme (qui lui-même a été appelé).

Les variables déclarées dans un sous programme, dites variables locales, ne sont pas utilisables dans le programme appelant. Les variables déclarées dans le programme principal, dites globales, peuvent être utilisées dans le programme principal ou par les autres sous programme.

4.2 Les fonctions

Les fonctions sont des sous programmes qui retournent un et un seul résultat au programme appelant. L'appel d'une fonction doit obligatoirement se trouver à l'intérieur d'une instruction (affichage/affectation) qui utilise sa valeur.

4.2.1 Définition d'une fonction

Une fonction est constituée de trois parties :

Une partie entête de la fonction ou nous trouvons le nom de la fonction suivi entre parenthèse des paramètres en entrée et de leur mode de passage, puis du type du résultat.

La partie « déclaration locale » ou tous les objets locaux de la fonction sont déclarés.

La partie corps de la fonction ou nous trouvons les instructions propres à la fonction.

Fonction nom_fction ([paramètre formels]): type_fct

    var var1, …: type

Début

    Traitement

Nom_fct <- var

Fin

4.2.2 Appel d'une fonction

    var <Nom_fct ([paramètres effectifs])

Les paramètres d'une fonction sont toujours de type donné: Les valeurs des paramètres affectifs à l'appel sont recopiées dans les paramètres formels.

Les paramètres et leurs modes de transmission :

Les paramètres formels sont des variables locales au sous programme. A ce titre, ils sont déclarés dans l'entête.

Les paramètres formels et les paramètres effectifs doivent s'accorder en nombre, ordre et type , leurs identificateurs peuvent se différer.

On distingue:

❑ **Passage par valeur:**

Le passage se fait dans le sens unique appelant -> appelé

La valeur du paramètre effectif est utilisée dans le sous programme et elle reste inchangée

❑ **Passage par variable:**

Le paramètre est précédé par le mot var

Le passe se fait dans les deux sens appelant <-> appelé

La valeur du paramètre peut changer

Exemple d'une fonction :

Ecrire une fonction min qui retourne le minimum de deux entiers x et y

Fonction Min(x, y : entier) :entier
Variables
z : entier

13

Début

    Si (x<y)alors

    z←x

    sinon

    z←b

    finsi

    min←z

Fin

4.3. Les procédures

Une procédure est un ensemble d'instructions regroupées sous un nom, qui réalise un traitement particulier dans un programme lorsqu'on appelle. Une procédure retourne 0 ou plusieurs résultats à travers ses paramètres.

Définition d'une procédure:

    Procédure nom_proc ([parmétres formels])

        Var var1, …: type

    Début

        Traitement

    Fin

Appel d'une procédure:

        Nom_proc ([paramètres effectifs])

Les paramètres d'une procédure sont de type résultats ou données résultats: Les valeurs des paramètres formels à l'appel sont recopiées dans les paramètres effectifs.

Chapitre 5

Les tableaux

5.1 Définition de tableau

Un tableau est une structure de données permettant de ranger un nombre fini d'éléments de même type. Un tableau est identifier par: Son nom, sa taille, le nombre maximal des éléments et son type: tous les éléments du tableau doivent être du même type Chaque élément est référencier par un indice de type entier. L'accès à un élément d'un tableau est direct. Un tableau peut être unidimensionnel (vecteur) ou multidimensionnel.

5.2 Déclaration du tableau

La déclaration d'un tableau peut être faite de deux manières :

Syntaxes

- VAR Nom_tableau : tableau [borne_inf .. bornesup] de type_de_base

- TYPE type_tableau = tableau [bi ..bs] de type_de_base
  VAR nom_tableau : type_tableau

Exemples

- VAR T : tableau [1 .. 50] d'entier
- TYPE TAB = tableau [1 .. 100] de réel
  VAR T : TAB

L'élément d'indice i d'un tableau T est noté T[i]

5.3 Recherche dans un tableau

5.3.1 Recherche séquentielle d'un élément dans un tableau

Soit T un tableau de n éléments, il s'agit de parcourir le tableau commençant par son premier élément à la recherche d'un élément choisi. Dés qu'on le trouve on arrête la recherche

5.3.2 Recherche dichotomique

La méthode de recherche dichotomique consiste à chercher un élément dans le cas d'un tableau trié. L'idée de comparer l'élément à chercher à l'élément central du tableau, s'ils sont différents, un test permet de trouver dans quelle moitié du tableau on peut trouver l'élément. On continue ce processus jusqu'à trouver l'élément.

Principe:

Si x = T[mil] => on arrête la recherche

Si x < T[mil] => on restreint la recherche dans la partie gauche du tableau

Si x > T[mil] => on restreint la recherche dans la partie droite du tableau

5.4 Méthodes de tri

Trier un tableau c'est classer ses éléments par ordre croissant ou décroissant. Il existe plusieurs méthodes de tri (par sélection, à bulle, par insertion...)

5.4.1 Tri par sélection: appelé souvent tri par recherche des minimums (ordre croissant) ou par recherche des maximums (ordre décroissant). Le principe est le suivant :

> ➢ Sélection de l'élément de plus basse valeur
> ➢ Echange de cet élément avec le premier élément
> ➢ Répétition de cet élément avec (n-1) éléments restants, puis avec (n-2) éléments,... jusqu'à qu'il ne reste plus qu'un seul élément.
> ➢ Pour i de 1 à (N-1) faire
>
>   Recherche la plus petite valeur de T[i] à T[N]
>
>   Échanger cette valeur avec T[i]
>
>   FinPour

Algorithme Procédure Tri par sélection

Var min, i, j : entier
        aux   : entier
Début
Pour i de 1 à n-1 faire
        Début
                min←i

                Pour j de i+1 à n faire
                        Début
                                Si t[j]<t[min] **alors** min←j
                        Fin
                        Si i <> **min alors**
                        Début
                                aux←t[i]
                                t[i] ← t[min]
                                t[min] ← aux
                        Fin
        Fin
Fin

16

5.4.2 Tri à bulles:

Sélectionner le minimum du tableau en parcourant le tableau de la fin au début et en échangeant tout couple d'éléments consécutifs non ordonnés. En effet, on parcoure le tableau en comparant les éléments consécutifs. S'ils sont mal ordonnés on les échanges. On recommence jusqu'à ce qu'il n'y ait plus d'échange. On compare les éléments deux à deux et on affecte une variable booléenne à vrai si on a procédé à un échange. La condition d'arrêt du traitement et que la variable booléenne reste à faux.

Algorithme Procédure Tri à Bulles

```
Var inter, i : entier
        échange   : booléen
Début
│   Répéter
│       échange← faux
│       Pour i de 1 à n-1 faire
│       Début
│       │   Si t[i]<t[i+1] alors
│       │
│       │           Début
│       │           │   échange←vrai
│       │           │   inter ← t[i]
│       │           │   t[i] ← t[i+1]
│       │           │   t[i+1] ←inter
│       │           │   Fin
│       │   Fin
│       Jusqu'à échange = faux
│   Fin
Fin
```

5.4.3 Tri par insertion

On compare le j ème élément (au départ j=2) à tous ceux du tableau qui le précédent et on l'insère à sa place. Cette méthode est bien adaptée au tri d'une table à laquelle on a ajouté, des éléments fin de table.

Algorithme Procédure Tri par insertion

```
Var  i, j : entier
        temp    : entier
Début
Pour j de 2 à n faire
        Début
            temp←t[j]

        i←j-1
            Tant que ( i>=1) et (temp <= t[i]) faire
```

17

Début
| t[i+1]←t[i]
| i ← i-1
| **Fin**
t[i+1]←temp

      Fin

Fin

Chapitre 6
Les enregistrements

6.1 Définition :

Un enregistrement est un type composé de donnée permettant d'avoir dans une même variable plusieurs informations pouvant être de type différent. La structure enregistrement est composée d'un nombre fixe d'éléments qu'on appelle champs ayant chacun un nom et un type.

6.2 Syntaxe :

v: enregistrement

       Chap1: type 1

       Chap2 : type 2

       ...

       Chap : type n

Fin

Exemple:

    Etudiant: Enregistrement
      Nom: chaine de caractère
      Prenom: chaine de caractère
      Cin: entier
      Age: entier
    Fin

Accès à un champ:

    V.chi

    exp: Etudiat.prenom

Remarque:

Un champ preuve être de n'importe quel type, même un enregistrement

Exemple:

```
        Etudiant: Enregistrement
           nom: c.c
           prenom: c.c
           adresse: enregistrement
                    numero: entier
                    rue: c.c
                    fin
        fin
```

Application:

Considérons un vecteur Examen de 100 éléments. Ce vecteur décrit les résultats d'un examen auquel ont participé 100 candidats. Chaque élément est relatif à un candidat et comporte subdivisions: Nom de type c.c et Note de type réel.

On veut imprimer les noms de tous les candidats avant des notes >= 10

Chapitre 7

Récursivité

7.1 Introduction

La récursivité est une façon de résoudre certains problèmes. Un sous programme est dit récursif s'il appelle lui-même. En effet, la récursivité est une méthode qui permet à une procédure (ou à une fonction) de s'appeler elle-même. On distingue deux types de récursivité:

- Récursivité directe: Un sous programme P contient une référence explicite à lui-même
- Récursivité croisée (indirecte) : Un sous programme P contient une référence à une autre sous programme qui contient à sa part une référence à P. En fait, deux procédures (deux fonctions) s'appellent mutuellement, c'est-à-dire lorsque P1 s'exécute, elle fait appel à P2, et inversement, lorsque P2 s'exécute, elle fait appel à P1.

7.2 Définition d'un algorithme récursif

Procédure P
Begin
    <Instructions>
    appel à P
    <Instructions>
FinSi

Etapes de travail

1) Paramétrage de l'algorithme
2) Définition de la condition d'arrêt (un cas particulier permettant d'arrêter le processus d'appel récursif)
3) Décomposition du cas général de manière récursive

7.3 Exemple : de calculs factoriels
1) Paramètres: n>= 0
2) Condition d'arrêt: n = 0 (0! = 1)
3) N! = n*(n-1)!
4) Fonction factorielle (n: entier): entier

5) Début
6) Si (n=0)
7)   alors facto ← 1
8) Sinon
9) facto (n) ← n* facto (n-1)
10) Finsi
11) Fin

Remarque:

- Pour un problème à résoudre, la version itérative est toujours privilégiée à la récursive parce qu'elle est la plus rapide, même que la méthode récursive est plus lisible et compréhensible, seulement si la version itérative est trop complexe.
- Pour tout algorithme récursif il existe un algorithme itératif, le contraire n'est pas vrai.

Travaux dirigés

Algorithmique et Programmation I

Travaux Dirigés N°1

Exercice 1

Ecrire un algorithme qui calcule et affiche la surface d'un rectangle dont la longueur et la largeur sont données.

Exercice 2

Ecrire un algorithme qui permet de calculer et d'afficher à l'écran, la moyenne annuelle MoyAN d'un étudiant. On donne la formule de calcul suivante :

MoyAN= (NoteSim1 *2+ NoteSim1*3)/5

Exercice 3

Ecrire un algorithme permettant l'affichage du périmètre d'un cercle.

Exercice 4

Ecrire l'algorithme de permutation de deux entiers A et B.

Correction Travaux Dirigés N°1

Exercice 1

Solution
ALGORITHME surface_rectangle

VAR
Longueur, largeur : réel

Début SurfaceRectangle
Lire (longueur)
Lire (largeur)
Surface ← longueur*largeur
Ecrire (surface)
Fin SurfaceRectangle

Exercice 2

Solution

ALGORITHME Moyenne

Début MoyAN
Lire (NoteSim1)
Lire (NoteSim2)
MoyAN← (NoteSim1 *2+ NoteSim1*3)/5
Ecrire (moyAN)
Fin

Exercice 3

Solution
ALGORITHME   Périmètre_Cercle
CONST
 PI=3,14
VAR
Rayon : réel
DEBUT
 Ecrire ("Donnez la valeur du rayon : ")
 Lire (Rayon)
 Ecrire ("Le périmètre du cercle est : ", 2*
Rayon * PI)
FIN

Exercice 4

ALGORITHME   *Permutation*

```
VAR
 A : entier
 B : entier
 C : entier
DEBUT
Ecrire (" Donnez la valeur de A ")
Lire(A)
Ecrire (" Donnez la valeur de B ")
Lire(B)
C ← A
A ← B
B ← C
Ecrire (" La nouvelle valeur de A est ", A)
Ecrire (" La nouvelle valeur de B est ", B)
FIN
```

Travaux Dirigés N°2

« Les structures conditionnelles »

Exercice 1

Ecrire un algorithme qui permet de demander un nombre à l'utilisateur et l'informe ensuite si ce nombre est pair ou impair.

Exercice 2

Ecrire un algorithme qui permet de Saisir deux entiers et vérifiez si le second est un diviseur du premier

Exercice 3

Ecrire un algorithme qui permet de Saisir la moyenne de l'étudiant, le résultat affiché sera succès au cas ou l'élève a la moyenne ou échec sinon

Exercice 4

Ecrire un algorithme qui permet de comparer deux entiers A et B

Correction des Travaux Dirigés N° 2

Correction Exercice 1

DEBUT Algorithme nombre // cet algorithme permet d'afficher la nature d'un nombre saisi //
Ecrire ("x = "), Lire(x)
r ← x MOD 2
Si (r = 0) alors
Nature ← "Paire"
Sinon
Nature ←"Impaire"
Fin si
Ecrire(x, " est ", Nature)
FIN Nombre

Correction exercice 2

Algorithme :

DEBUT Algorithme diviseur // cet algorithme permet de déterminer si un entier b donné est un diviseur d'un entier a donné //
Ecrire("a = "), Lire(a)
Ecrire("b = "), Lire(b)
Reste← a MOD b
Si Reste = 0 alors d " est un diviseur de "
Sinon
d ← " n'est pas un diviseur de "
Fin si
Ecrire(a,d,b)

FIN diviseur

Correction exercice 3

DEBUT Algorithme DECISION
Ecrire ("donner la moyenne de l'étudiant ")
Lire(moy)
Si moy≥10 alors
Resultat = "succes"
Sinon
Resultat = "Echec"
Finsi
Ecrire (resultat)
Fin decision

Travaux Dirigés N°3

« Les structures itératives »

Exercice 1

Ecrire un algorithme qui permet de Saisir un entier naturel n compris entre deux bornes B_i et B_f ($b_i \leq n \leq b_f$). cet algorithme est un test de validité de la donnée n.

Exercice 2

Ecrire un algorithme qui permet d'afficher l'entier 5 dix fois

Exercice 3

Ecrire un algorithme qui cherche la dernière position d'une valeur v dans un tableau B de n réels. L'entier n est compris entre 20 et 30. Tous les réels de B ainsi que v sont dans l'intervalle [0,20].

Exercice 4

Ecrire un algorithme permettant de lire une suite de nombres réels sur le clavier. Le dernier élément à lire est un zéro. L'algorithme doit afficher le plus petit élément de la suite ainsi que la somme des éléments lus.

Exercice 5

Ecrire un algorithme permettant d'entrer cinq valeurs réelles au clavier, les stocker dans un tableau, calculer leur somme et les afficher avec leur somme à l'écran.

Correction des Travaux Dirigés N°3

Correction Exercice 1

Algorithme saisie_controle
DEBUT Algorithme saisie_controle // cet algorithme permet le saisie contrôle //
 Ecrire ("x = ")
Lire(x)
Répéter
Lire (n)
Jusqu'à (bi≤ n ≤bf).
Fin saisie_controle

Correction Exercice 2

Algorithme saisie_entier
Début Algorithme saisie_entier

Pour i de 10 faire

Ecrire ("5 ")

FinPour
Fin

Algorithme saisie_entier
Correction Exercice 3

Algorithme Recherche entier

Début
Répéter

Ecrire ("n = ", n)
Jusqu'à n dans [20,30]
Pour i de 1à n faire
Répéter
Lire (B[i])
Jusqu'à (B[i]≥0) et (B[i])≤20)
Fin pour

Répéter

lire ("v= ", v)
Jusqu'à (v≥0) et (v≤20)

[i←n+1, dp←0] Répéter
            [i←i-1] Si (B[i]=v) alors
                dp←i
                finsi
            Jusqu'à (dp≠0) or (i=0)
[décision← « n'existe pas'] si dp≠ alors

STR(dp,s)
Décision← « a une dernière place »
finsi
Écrire (v, décision)
fin

Correction Exercice 4
Algorithme lire_une_suite;
Var
       a,s : réels ;
Debut
     Repeter
         Ecrire('entrer un nombre: ') ;
         Lire(a) ;
         S<-- s+a ;
      Jusqu'à (a=0)
      Ecrire('la somme des nombres est : ',s) ;
fin

Correction Exercice 5
Algorithme tableau_somme;
Var
       V : tableau [1..5] de réels ;
       S : réel ;
i :entier;
Debut
      (*lecture des élements du tableau*)
      Pour i <-- 1 à 5 faire
         Ecrire('entrer l'element N° ',i);
         Lire(V[i]) ;
      Finpour i
      (*calcul de la somme des élements du tableau *)
      S <-- 0 ;
Pour i <-- 1 à 5 faire
         S <-- S + V[i] ;
      Finpour i
(*afficher des éléments du tableau *)
      Pour i <-- 1 à 5 faire
         Ecrire('l''element N° ',i,'est : ',V[i]);
      Finpour i
      Ecrire('la somme des éléments du tableau est :',S) ;
fin

Travaux Dirigés N° 4

« Les tableaux »

Exercice 1 : Ecrire une procédure Remplir permettant le remplissage d'un tableau de n entiers.

Exercice 2 : Ecrire une procédure Afficher permettant l'afficher les éléments d'un tableau de n entiers.

Exercice 3 : Ecrire une fonction Minimum permettant de chercher le minimum dans un tableau Tde n entiers.

Exercice 4 : Ecrire une fonction Recherche_seq qui permet de cherche un élément x dans un tableau T. La fonction renvoie Vrai s'il est existant et Faux sinon.

Exercice 5 : Ecrire une fonction Fréquence(T : Tab ; X : Entier) : Entier qui retourne le nombre d'apparitions de X dans le tableau T.

Exercice 6 : Etant donné un tableau A de n nombres triés par ordre croissant. Ecrire une procédure qui permet de lire un réel R et l'insérer dans sa bonne position. Le résultat sera un deuxième tableau B de langueur (n+1) et qui est également trié par ordre croissant.

Exercice 7 : Ecrire une fonction Somme permettant de calculer le somme des éléments d'un tableau T de n entiers.

Exercice 8 : Ecrire une procédure permettant d'inverser les éléments d'un tableau de n entiers.

Exercice 9 : Ecrire une procédure tri_selection permettant de trier des éléments d'un tableau de n entiers.

Exercice 10: Ecrire une procédure Supprimer permettant la suppression d'un élément d'un tableau de n entiers.

Correction des Travaux Dirigés N°4

« Les tableaux »

Exercice 1

Résultat=remplir un tableau des entiers
Traitement : pour remplir un tableau on a recours à la structure itérative complète pour.
Algorithme :
Procédure Remplir (var T : Tab; n: Entier)
Var
   i : Entier
Début
   Pour i de 1 à n faire
  Ecrire ("T [", i,"]="), Lire(T[i])
   Fin Pour
Fin
Ex2 : Ecrire une procédure Afficher permettant l'afficher les éléments d'un tableau de n entiers.
Procédure Afficher (T : Tab; n: Entier)
Var
   i : Entier
Début
   Pour i de 1 à n faire
  Ecrire(T[i], "   ")
   Fin Pour

Exercice 2

Ecrire une fonction Minimum permettant de chercher le minimum dans un tableau Tde n entiers.
Fonction Minimum(T : Tab) : Entier
Var
  min : Entier
Début
  min ← T [1]
  Pour i de 2 à n Faire
    Si (min> T[i]) Alors
    min ← a
    Fin Si
  Fin Pour
Fin

Exercice 4
Ecrire une fonction Recherche_seq qui permet de cherche un élément x dans un tableau T. La fonction renvoie Vrai s'il est existant et Faux sinon.
Principe de recherche séquentielle d'un élément dans un tableau :
Comparer x aux différents éléments du tableau jusqu'à trouver x ou atteindre la fin du tableau.
Algorithme :
Fonction Recherche_seq (T:Tab; n,x:Entier) : Entier
Var
   i : Entier
Début
   i← 0
   Répéter
     i← i+1

Jusqu'à (T[i]=x) OU (i = n)
Si (T[i]=x) Alors
    Recherche_seq ← Vrai
Sinon
    Recherche_seq ← Faux
Finsi
Fin

Exercice 5

Ecrire une fonction Fréquence(T : Tab ; X : Entier) : Entier qui retourne le nombre d'apparitions de X dans le tableau T.

Algorithme :
Fonction Fréquence(T : Tab ;X : Entier) : Entier
Var
    i, cpt: Entier
Début
    cpt← 0
    Pour i de 1 à n faire
        Si (T[i] = X) Alors
            cpt← cpt+1
        FinSi
    FinPour
    Fréquence← cpt
    Retourner (Fréquence)
Fin

Exercice 6

Etant donné un tableau A de n nombres triés par ordre croissant. Ecrire une procédure qui permet de lire un réel R et l'insérer dans sa bonne position. Le résultat sera un deuxième tableau B de langueur (n+1) et qui est également trié par ordre croissant.

Algorithme

Procédure Insertion (A,B : Tab; R: Entier)
Var
    i,j :Entier
Début
    i← i+1
    TantQUE(i<= n) ET (A[i] <= R) Faire
            B[i] ← A[i]
            i← i+1
    FinTQ
    B[i] ← R
    J<-i+1
    TantQue (i< = n) Faire
            B[i] ← A[i]
            i← i+1
            j← j+1
    FinTQ
Fin

Exercice 7

Ecrire une fonction Somme permettant de calculer le somme des éléments d'un tableau T de n entiers.

Fonction Somme(T : Tab) : Entier
Var
   i, som: Entier
Début
      som← 0
      Pour i de 1 à n faire
            Som = som+T[i]
      FinSi
      FinPour
      Retourner (som)
Fin

Exercice 8

Ecrire une procédure permettant d'inverser les éléments d'un tableau de n entiers.

Algorithme :

Procédure Inverser(T : Tab) : Entier
Var
   i, temp: Entier
Début
      Pour i de 1 à n/2 faire
          temp ← T[i]
          T[i] ← T[n-i]
          T[n-i] ← temp

      FinPour
Fin

Exercice 9

Ecrire une procédure tri sélection permettant de trier des éléments d'un tableau de n entiers. Le principe du tri par sélection est le suivant : Rechercher le plus petit élément du tableau, et l'échanger avec l'élément d'indice 1 ; rechercher le second plus petit élément du tableau, et l'échanger avec l'élément d'indice 2 ; continuer de cette façon jusqu'à ce que le tableau soit entièrement trié.

Algorithme
procédure tri_selection (tableau t, entier n)
   pour i de 1 à n - 1
     min ← i
     Pour j de i + 1 à n
        si (t[j] < t[min])alors
           min ← j
     Finsi
     FinPour
     X ← T[i]

        T[i]← T[min]
        T[min]← X
    FinPou
Fin
Trace d'exécution
Tableau initiale

6	4	2	1	4

Après la 1 ère itération

1	4	2	6	4

Après la 2 ère itération

1	2	4	6	4

Après la 3 ère itération

1	2	4	6	4

Après la 4 ère itération

1	2	4	4	6

Exercice 10

Ecrire une procédure Supprimer permettant la suppression d'un élément d'un tableau de n entiers.

Procédure Supprimer(T : Tab)
Var
        i : Entier
Début
    Pour i de pos à n-1 Faire
        T[i] <-T [i+1]
    FinPour
Fin

Travaux Dirigés N° 5

«Les enregistrements»

Exercice 1

Créer un type enregistrement temps.

MATRICULE	NOM	TELEPHONE

Exercice 2

Ecrire un algorithme qui lit deux temps t1 et t2 à partir du clavier, de les convertir en secondes puis les comparer.

Exercice 3

Ecrire un algorithme qui permet de convertir en secondes les deux temps t1 et t2.

Exercice 4

Ecrire un algorithme qui permet d'ajouter un enregistrement à la fin du fichier séquentiel qui possède la structure suivante.

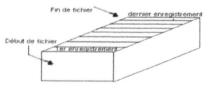

Exercice 5

Ecrire un algorithme qui permet d'ajouter un enregistrement au début du fichier séquentiel.

Exercice 6

Ecrire un algorithme qui permet d'insérer un enregistrement dans un fichier trié.

Exercice 7

Soit un fichier f1 (ancien) qui est ordonné selon les valeurs d'un des champs qui composent les articles par exemple pour f1 le fichier client, il pourra être ordonné selon le champ matricule (identifiant, champ majeur, unique). Les mises à jour doivent être ordonnées selon le même critère pour former un fichier fm qu'on appelle fichier mouvement. Chaque article du fichier est un mouvement relatif à un client identifié par son matricule et indique par un champ appelé code s'il s'agit d'une modification, une suppression ou une création.

01	A	98.555.042
02	B	51.550.431
03	C	50.550.433
04	D	40.558.530
06	F	40.540.090
09	I	51.365.216

Ancien fichier principal f1 avant mise à jour (en mode lecture)

CODE MISE A JOUR	MATRICULE	NOM	TELEPHONE
S	01	A	50.555.042
M	02	B	51.555.555
C	05	E	41.650.879
M	06	F	41.544.190
C	07	G	98.960.354
C	08	H	76.180.190
S	09	I	98.365.216

Fichier mouvement f2 contenant les mises à jour (en mode lecture)

MATRICULE	NOM	TELEPHONE
02	B	51.555.555
03	C	51.550.433
04	D	41.558.530
05	E	51.650.879
06	F	51.544.190
07	G	41.960.354
08	H	71.180.190

Fichier Résultat

Correction des Travaux Dirigés N°5

«Les enregistrements»

Exercice 1

```
TYPE
        heure = 0..23;
        minute= 0..59;
        seconde= 0..59;
        temps= Record
                h: heure;
                m: minute;
                s: seconde;
                End;
```

Exercice 2

```
Algorithme Comparaison;
TYPE
VAR
t1, t2 : temps;
egal : boolean;
DEBUT
Ecrire ("Temps1 (h m s) : ");
Lire (t1.h, t1.m, t1.s);
Ecrire ("Temps2 (h m s) : ");
Lire (t2.h, t2.m, t2.s);
egal := (t1.h = t2.h) and (t1.m = t2.m) and (t1.s = t2.s);
Ecrire ('Egalite : ', egal);
Fin.
```

Exercice 3

```
Algorithme nombre_secondes;
TYPE
VAR
t : temps;
ns : entier;
Debut
Ecrire ('Temps (h m s) : ');
lire (t.h, t.m, t.s);
ns := t.h * 3600 + t.m * 60 + t.s;
Ecrire ('ns : ', ns);
Fin.
```

Exercice 4

L'ancien fichier est entièrement copié dans le nouveau fichier, suivi du nouvel enregistrement.

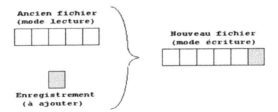

Algorithme ajout fin
E,V : enregistrement

Début
Ouvrir (f1, lecture)
Ouvrir (f2, écriture)
Lire (f1, V)
Tant que non fin (f1) faire
Ecrire (f2, V)
Lire (f1, V)
Fin tant que
Ecrire (f2, E)
Fermer (f1)
Fermer (f2)
Fin

Exercice 5

- Opération d'ajout d'un enregistrement au début du fichier

L'ancien fichier est copié derrière le nouvel enregistrement qui est écrit en premier lieu.

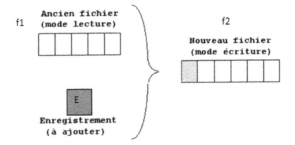

Algorithme ajout début
E, V : enregistrement
Début
Ouvrir (f1, lecture)
Ouvrir (f2, écriture)
Ecrire (f2,E)
Lire (f1,V)
Tant que non fin (f1) faire
Ecrire (f2, V)
Lire (f1,V)
Fin tant que
Fermer (f1)
Fermer (f2)
Fin

Exercice 6

Le nouveau fichier est créé en trois étapes:
- copier les enregistrements (V) de l'ancien fichier qui précèdent le nouvel enregistrement,
- écrire le nouvel enregistrement (J),
- copier le reste des enregistrements de l'ancien fichier.

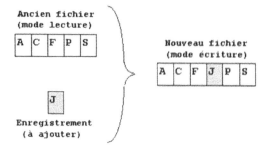

Algorithme insertion fichier trier
J,V : enregistrement

Début
Ouvrir (f1, lecture)
Ouvrir (f2, écriture)
Lire (f1, V)
Tant que non fin (f1) et V<J faire
Ecrire (f2, V)
Lire (f1,V)
Fin tant que
Si fin (f1) alors
Ecrire (f2, J)
Sinon
Ecrire (f2, J)

```
Fin si
Tant que non fin (f1) faire
Ecrire (f2, V)
Lire (f1, V)
Fin tant que
Fermer (f1)
Fermer (f2)
Fin
```

REFERENCES

- Algorithmique et structures de données, Michel Divay, Dunond.
- Initiation à l'algorithmique et aux structures de données, Jacques Courtin, Iréne Kowarsky
- http://www.commentcamarche.net.
- Algorithmique et structures de données en C, Rémy Malgouyres, Fabien Feschet, Zita Zrour, 2011.
- Algorithmes et structures de données génériques - Cours et exercices corrigés en langage C, Michel Divay, 2004.
- Les structures de données, Patrice Rey, 2011.

www.ingramcontent.com/pod-product-compliance
Lightning Source LLC
La Vergne TN
LVHW042351060326
832902LV00006B/539